CONSIDÉRATIONS

SUR LA

DÉCADENCE D'UN PEUPLE

PAR

RETEMED DASGOR

V. Zenta Gasse, n° 8

VIENNE (Autriche)

Celui, chrétien ou mahométan, qui devinera le premier le peuple qui est visé par le contenu de cette brochure recevra 50 francs.

Si cette personne est historien de profession, elle recevra 150 francs.

Les citoyens du pays en question sont exclus du présent concours.

PRIX : **40** CENTIMES

DÉPOT ET VENTE

A LA LIBRAIRIE BOYVEAU ET CHEVILLET

Maison Française de Librairie Étrangère

22, Rue de la Banque (près la Bourse), **PARIS**

ET

dans les principales librairies françaises et étrangères

CONSIDÉRATIONS

SUR LA

DÉCADENCE D'UN PEUPLE

PAR

RETEMED DASGOR

V, Zenta Gasse, n° 8

VIENNE (Autriche)

> Celui, chrétien ou mahométan, qui devinera le premier le peuple qui est visé par le contenu de cette brochure recevra 50 francs.
>
> Si cette personne est historien de profession, elle recevra 150 francs.
>
> Les citoyens du pays en question sont exclus du présent concours.

PRIX : **40** CENTIMES

DÉPOT ET VENTE

A LA LIBRAIRIE BOYVEAU ET CHEVILLET

Maison Française de Librairie Étrangère

22, Rue de la Banque (près la Bourse), PARIS

ET

dans les principales librairies françaises et étrangères

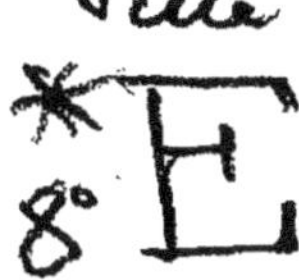

CONSIDÉRATIONS

SUR LA

DÉCADENCE D'UN PEUPLE

PAR

RETEMED DASGOR

V, Zenta Gasse, n° 8

VIENNE (Autriche)

Les études historiques se rapprocheraient de plus en plus des sciences exactes, dans leur méthode et dans leurs résultats, si, à l'aide de documents inattaquables, elles savaient exercer une influence directe sur les destinées des peuples, que ces peuples soient en plein développement de civilisation ou en voie de décadence. Si elles se bornent, comme c'est actuellement le cas, au point de vue du développement ou de la décadence d'une nation, à enregistrer uniquement des faits qui se sont passés et à énumérer une foule de choses qui ont été, plus ou moins, les causes primordiales du progrès ou de la décadence, alors leur action se réduit tout simplement à une fonction narrative et descriptive. Les circonstances auxquelles l'essor et la décadence d'un peuple sont généralement attribués ne sont souvent que des phénomènes incidents secondaires, qu'on accepte quand même comme des raisons suffisantes. Dans ce cas l'étude de l'histoire n'est plus qu'un entassement de faits anciens; elle enseigne l'histoire des temps passés en tant que faits historiques, sans en tirer profit pour l'époque contemporaine.

Lorsque l'étude de l'histoire prendra pour objet de ses recherches méthodiques et approfondies l'âme du peuple elle-même, alors elle acquerra une importance plus grande, plus élevée. Elle sera en mesure de démontrer comme inéluctable la décadence d'une nation, chez laquelle certains facteurs indispensables au développement de la civilisation auront disparu, et elle pourra prédire la décadence d'un autre peuple pour le cas où celui-ci persévérerait dans la route sur laquelle il s'est engagé. Comme suite de ces recherches et études consciencieuses, une noble lutte pourrait se produire pour la découverte et la suppression de tous les abus, de toutes les conditions fâcheuses, et toutes les institutions vermoulues, qui de nos jours mettent obstacle au progrès des peuples, ou qui les ruinent même, pourront être radicalement supprimées.

Quelles sont donc les sources où l'étude de l'histoire comprise de cette manière pourra puiser? Il y a d'abord la différence fondamentale qui existe entre l'homme barbare et l'homme civilisé. L'homme barbare ne connaît pas les sentiments purs des vertus. Par exemple, la piété sincère est une vertu, pour laquelle toute compréhension lui fait défaut, car sa religion, à lui, n'est pas, comme la nôtre, susceptible de lui révéler des trésors intellectuels, psychiques. Nous pourrions donc dire que la foi, cette source inépuisable de la vie psychique, est la principale vertu de l'homme qui le différencie nettement de la bête. Nous rangeons également parmi les vertus le fait de remplir fidèlement et consciencieusement ses devoirs. Le proverbe : « Promettre et tenir sied bien aux jeunes et aux vieillards » désigne aussi une grande vertu, qui ne perd nullement ni de sa valeur, ni de sa vérité par le fait, que fort peu d'hommes sont réellement des hommes de « parole ». Ces exemples peuvent suffire.

Si maintenant l'étude de l'histoire établit que toutes ces qualités et d'autres analogues ont disparu chez un peuple, elle pourra avec certitude tirer la conclusion : Ce peuple, par la force des choses, est voué à la décadence, car il n'est pas capable de se gouverner lui-même. Si, d'un autre côté, ces qualités n'ont pas encore complètement disparu chez un peuple, si elles ne font que sommeiller, alors l'étude de l'histoire comprise dans ce sens aura une tâche éminemment importante et utile à remplir, en indiquant les remèdes propres à arracher ce peuple à son état d'aveulissement, signe précurseur de la décadence absolue. Elle pourra même établir si certaines vertus sont cultivées et si d'autres sont négligées chez des nations, qui, en général, marchent dans la voie du progrès. Là aussi, elle doit élever sa voix et chercher le remède, pour que le développement du progrès chez ces nations se fasse uniformément et sans secousses, car chaque hausse et chaque baisse du niveau de la civilisation d'un peuple coïncide régulièrement avec l'augmentation ou avec la diminution des qualités chez ce peuple.

Les études historiques exactes doivent donc avoir pour principal but de se procurer les documents les plus appropriés et d'en déduire le progrès ou la décadence du peuple en question. Diverses institutions sociales, parmi lesquelles la famille en première ligne, pourront servir de base d'appréciation pour l'état des vertus. Supposons que les époux ne se soient pas attachés par des sentiments mutuels d'estime et de fidélité. Pour subvenir aux besoins communs de leur entretien ils ne suivent pas le principe : « Le travail ne fait pas honte », mais ils préfèrent un gain malhonnête. Alors le mensonge, sous toutes ses formes, remplace la vérité et la sincérité ; le vice prend la place de la vertu, et nous pouvons conclure avec certitude que cette famille est déchue. Admettons maintenant que chaque peuple, qu'il soit civilisé ou non, ou qu'il ne le soit qu'à demi, se compose d'un grand nombre d'unités de famille, et que toute baisse ou toute hausse de la civilisation soit en corrélation directe avec la pratique des vertus au sein de ces familles. Chez un peuple demi-barbare, par exemple, la millième partie des familles possède des notions pures des vertus ; les autres sont encore barbares. Par contre, un peuple absolument civilisé ne se composerait que de familles vertueuses ; mais jusqu'à présent aucun peuple n'a su atteindre ce degré de civilisation. Chez un peuple demi-barbare le progrès de sa civilisation marche de pair avec l'accroissement du nombre des familles vertueuses, tandis qu'en sens inverse, un peuple civilisé ou à moitié civilisé, par la diminution du nombre de ses familles vertueuses, baisse de nouveau graduellement.

En faisant ses recherches sur les familles, l'historiographe consacrera son attention particulière aux divers états et professions. S'il constate que les princes se font courtiers, que les représentants de la vieille noblesse se distinguent, non pas par leurs vertus, mais par leurs vices et leurs débauches, il ne pourra plus être question de noblesse, car ce ne sont pas la richesse ni la pompe extérieure, mais les mœurs vertueuses qui annoblissent véritablement l'homme.

Un historiographe consciencieux doit également porter ses investigations sur le clergé. Si l'Église n'est plus un asile de toutes les vertus, mais un instrument éhonté d'oppression au service des pouvoirs publics, elle ne mérite pas d'être appelée une institution divine. Partout où l'on a pu constater une déchéance morale du clergé, la cause en était au manque d'indépendance. Quand un clergé ne sait plus lutter pour son indépendance et qu'il se fait plutôt l'instrument aveugle des pouvoirs publics, il est incapable de toute vertu chrétienne, car la véritable indépendance n'est pas la moindre vertu que le christianisme exige des esprits cultivés.

La conduite du Gouvernement doit être également, bien entendu, l'objet de l'étude consciencieuse de l'historiographe. Un bon gouvernement veille avec une sollicitude paternelle sur les intérêts des citoyens ; un mauvais gouvernement, au contraire, est un véritable fléau de Dieu. Il dépouille le peuple et l'écrase. Quand l'historiographe arrivera-t-il dans ses recherches à la conclusion, qu'un gouvernement appartient à cette deuxième catégorie ?

Il le dira, quand les gouvernants, loin de rivaliser en vertus avec les citoyens, voient plutôt dans ces derniers un péril pour eux-mêmes ; quand le peuple gémit sous l'oppression de lois injustes qui ont été créées sans son concours ; quand des emprunts de milliards sont autorisés, dont une moitié est volée et l'autre gaspillée inutilement; quand, sous le prétexte de couvrir les dettes, des impôts écrasants pèsent sur le peuple.

Il le dira, lorsque la vie et la propriété des citoyens ne sont plus protégées et que le vol et l'assassinat sont à l'ordre du jour ; lorsque le riche pourra impunément dépouiller le pauvre ; lorsque le gouvernement, dans les cas rares où il en montre la velléité, est même impuissant à punir le malfaiteur ; lorsque le gouvernement, pour avoir des instruments aveugles et sans volonté à sa disposition, persécute et étouffe la vertu ; lorsque, à toute occasion qui se présente, il se fait l'instrument d'intérêts particuliers ; lorsque la population, sous le joug de cette mauvaise administration, s'appauvrit ; lorsque les institutions pour le bien-être public périclitent.

Il le dira, si l'égalité existe seulement pour les devoirs, mais pas pour les droits ; si la liberté est exploitée ou profit de certains desseins, si la fraternité ne consiste que dans la communauté des mauvais citoyens ; si enfin le gouvernement ne sait pas, ou ne considère même pas comme son devoir, de maintenir l'ordre et la tranquillité dans le pays, et qu'au contraire, les gouvernements, qui se suivent et se succèdent, n'aient pour unique préoccupation que de garder leurs portefeuilles ; bref, l'historiographe le dira, quand la sottise et l'inimitié des gouvernants se manifeste ouvertement contre les gouvernés !

Il n'y a pas à aller bien loin pour rencontrer des exemples de peuples qui se trouvent dans une telle période de décadence, et tout observateur quelque peu au courant s'apercevra journellement d'un ordre de choses, tel que nous l'exposerons plus loin, sans nommer le pays qui fait l'objet de notre étude, et tout historiographe conscient de son devoir devrait sans cesse caractériser un pareil ordre de choses social.

Il est tout particulièrement instructif d'examiner le rôle que joue la domesticité dans un pareil état social. L'ancienne caste nobiliaire, ainsi que nous l'avons démontré, a disparu, car, sans vertu il n'y a pas de noblesse. Les anciens domestiques des nobles se sont enrichis de façon plus ou moins honnête, et sont arrivés aux plus hautes fonctions. Des milliers de familles de ce genre, absolument dépourvues de toutes vertus, occupent des situations élevées et les plus hautes fonctions administratives. Leurs domestiques, à leur tour, sont un affreux ramassis de gens pourris jusqu'à la moelle des os, et cela souvent sans s'en apercevoir eux-mêmes. Leur méchanceté va si loin qu'ils sont les ennemis acharnés de leurs maîtres. Non contents d'abuser de leur confiance en les volant d'une façon éhontée, ils ne reculent même pas devant le meurtre et le crime d'incendiaire. Quelles que soient leur ignorance et leur incapacité, ils se chargent des fonctions les plus difficiles sans la moindre hésitation. Ils ne savent pas ce que c'est que le remords, et il leur importe peu que leur maître subisse des pertes par leur faute. Combien de riches ont-ils déjà été ruinés par de pareils domestiques ! Leur insolence est vraiment stupéfiante. Aucun mensonge ne leur coûte; ils sont réfractaires à toute remontrance bienveillante, car l'obéissance est une vertu qu'ils ignorent. De tels domestiques sont tellement corrompus de fond en comble, qu'ils sont atteints de tous les vices et qu'ils les transmettent, comme une maladie contagieuse, d'une famille à l'autre.

L'administration publique et le service de la sûreté, dans ces pays, sont le plus souvent confiés à des gens qui n'ont pas la moindre notion de la haute importance de leurs fonctions. On ne peut pas dire que « the right man is in the right place », et il ne peut pas être question d'une sage administration des intérêts des citoyens. Bien au contraire, les hommes qui occupent ces fonctions ont su, par les moyens les plus infâmes, exploiter à leur profit l'influence du gouvernement, et au lieu de travailler, comme c'est leur devoir, à la sage administration des affaires, ils chicanent les citoyens, les lèsent dans leurs intérêts les plus vitaux, les dépouillent de tous leurs biens, et afin de les mettre dans un état de complète dépendance, ils leur enlèvent les derniers vestiges d'indépendance. La disparition absolue de toute fermeté de caractère en est la conséquence. Lorsqu'un gouvernement tombe et qu'un autre arrive au pouvoir, tout le monde sait d'avance que celui-ci marchera sur les traces du précédent, et on lui apporte immédiatement la même soumission qu'on avait pour l'ancien gouvernement. C'est ainsi qu'une pareille administration anéantit toute vertu civique, et bientôt ce ne seront plus des hommes dans la véritable acception du mot qui habitent le pays, mais des troupeaux d'individus sans volonté, qui exécutent machinalement, par ordre supérieur, des manifestations de la vie.

Des sommes folles sont dépensées annuellement pour l'Administration et la Police. Il y a des légions de fonctionnaires. Ils ne sont là que pour servir les grands du jour, et tous ceux qui osent montrer la moindre velléité d'indépendance sont impitoyablement persécutés, pour que la situation des grands devienne d'autant plus inébranlable.

La hausse et la baisse subite des prix, — combien de fois les prix des vivres montent et baissent-ils de 25 0/0 en vingt-quatre heures ! — parfois le manque absolu des objets les plus indispensables, l'aspect dégoûtant des produits alimentaires, le système pitoyable des moyens de communication, des incendies, vols par effraction, meurtres et assassinats — tout cela ce sont pour ces Messieurs de l'Administration et de la Police des choses d'une importance secondaire, qu'on abandonne tranquillement au hasard. Si les vivres deviennent de meilleure qualité et qu'ils soient moins chers, c'est au hasard qu'on le doit; lorsque les incendies et les vols deviennent plus rares, c'est encore au hasard qu'il faut l'attribuer. Les fonctionnaires ont toujours, il est vrai, l'air d'être très occupés, mais en réalité ils ne font rien, car ils arrivent toujours trop tard. Ils n'ont ni la capacité ni la volonté de faire le service pour lequel ils sont payés, c'est-à-dire de prévenir les accidents et de supprimer les abus, qui menacent les citoyens.

Afin de se décharger de toute responsabilité pour tous ces méfaits, les gouvernements ont imaginé de diriger toutes les eaux sales du pays vers deux grandes mares, appelées « représentations nationales électives », mais dont les représentants sont en réalité nommés par le gouvernement. Ces « représentations nationales » votent les impôts et fabriquent sans interruption des lois et des lois, qui répondent aux besoins du pays comme « le poing sur l'œil », et qui la plupart du temps sont supprimées avant d'avoir été appliquées.

Qu'un gouvernement se maintienne ou qu'il tombe, cela dépend uniquement du Chef de l'État. Dès qu'un nouveau ministère arrive au pouvoir, il forme de son côté deux nouvelles mares, destinées à recevoir les eaux sales, pour faire avec leur concours de nouveaux emprunts, décréter de nouveaux impôts, abroger les lois créées par ses prédécesseurs et les remplacer par d'autres. Et ainsi il arrive que les emprunts montent, montent à des sommes fabuleuses, que le poids des impôts devient écrasant, et que des lois sans aucune utilité sont créées par centaines. Quoi d'étonnant que ces lois finissent par se contredire les unes des autres de telle façon, que ni les juges, ni les avocats ne s'y retrouvent plus.

Les membres de cette représentation nationale ont pour mission de contrôler les actes du gouvernement. Mais ils sont tout ce que vous voudrez, sauf indépendants, et chaque jour les rattache même plus intimement aux détenteurs du pouvoir. Leur unique but est de faire, avec l'aide du gouvernement, d'abord leurs propres affaires privées, ensuite de favoriser les intérêts de leurs amis et connaissances. Il n'y a que par leur intermédiaire, par leur intervention, que dans ces pays on puisse arriver à obtenir quelque chose. Devant eux toutes les portes s'ouvrent. Le soin de leurs affaires personnelles, tel est leur seul métier, et les intérêts du pays, pour la sauvegarde desquels ils ont été élus, sont terriblement compromis. Les dépenses sont approuvées sans le moindre examen ni contrôle, les emprunts accordés, sans considération du remboursement ultérieur, les impôts votés, sans égard pour les ressources contributives du peuple, et c'est ainsi que le citoyen est poussé dans les bras du paupérisme et vers l'émigration. Les membres de ces assemblées sont d'autant plus acharnés à poursuivre des buts intéressés à leur profit et au profit de leur clique, qu'ils savent d'avance que ce ne sera pas pour longtemps, et ils agissent absolument comme l'homme frivole qui a gaspillé tout l'héritage de son existence ultérieure pour le plat de lentilles d'une jouissance momentanée.

La juridiction dans ces pays est confiée à des personnes, qui,
la plupart du temps encore très jeunes, ont été nommés par le
gouvernement sur la recommandation de personnalités in-
fluentes. N'est-il pas révoltant de voir la balance de la justice
confiée à des gens qui sont dépourvus de toutes vertus et qui
ne sont pas animés de sentiments passionnés pour une justice
impartiale.

Il n'est donc que très naturel que la tenue extérieure pom-
peuse des juges soit en contradiction absolue avec leurs
pensées et leurs sentiments intimes. Épuisés par les débauches
de la dernière nuit, ils expédient les affaires avec une mauvaise
humeur visible. Le moindre mouvement insignifiant d'un
spectateur les met en colère, et ils compulsent avec un mauvais
vouloir évident les dossiers relatifs aux affaires. Quand les
plaidoyers commencent, ils laissent les avocats débiter des
contes pendant des heures entières, sans les arrêter. Il arrive
donc souvent que sur cinq à six affaires fixées pour l'audience
du jour, une seule affaire soit terminée, et que les autres soient
ajournées. Il arrive même souvent qu'à cause de petites forma-
lités un ajournement soit prononcé et que le même procès soit
parfois ajourné vingt, même trente fois et qu'il traîne pendant
cinq, dix ans avant qu'une solution définitive n'intervienne.
Un autre inconvénient est qu'un jugement, à supposer que
pour une fois il soit rendu conforme à la justice, puisse être, en
appel et en dernière instance, modifié dans tout le contraire,
jusqu'à ce que toutes les instances soient épuisées. Pour chaque
procès il y a de fortes sommes à verser d'avance, à titre de
provision, et chaque vacation occasionne des frais à part. En
outre, il n'est pas permis aux parties de comparaître devant le
tribunal sans être assisté d'un avocat, à cause des lois nombreuses et compliquées. Tout cela absorbe de fortes sommes,
et même dans le cas le plus favorable, le gagnant du procès,
par suite des frais énormes et des décisions insuffisantes,
subira encore des pertes. Il s'ensuit que dans un tel pays, les
gens raisonnables, quand ils se croient lesés dans leurs intérêts
par quelqu'un, renoncent, *a priori*, à recourir à la protection
de la justice, et préfèrent s'entendre amiablement avec leurs

adversaires. Le proverbe dit : « Un maigre arrangement vaut mieux qu'un gros procès » ! C'est encore le hasard qui juge le plus impartialement dans ces pays, car dès qu'un juge suit avec intérêt une affaire, il est certain qu'il le fait avec l'intention de favoriser une partie. Que ce soit aussi clair que le jour que le droit soit de tel côté, le juge ne se laissera pas en imposer, du droit il fait le tort, et du tort il fait le droit. Alors il arrive parfois que le condamné, dans son désespoir, proteste à haute voix et qu'il s'écrie : « S'il y a un Dieu dans le ciel, il infligera le châtiment mérité à ces gens, qui sont institués pour rendre la justice et qui font tout le contraire » ! Que faut-il donc dire de la patience néfaste d'un peuple, qui donne docilement son argent, ses biens, sa fortune, qu'on lui réclame contre toute justice, sans se révolter ! Un tel peuple est vraiment la caricature d'un peuple. Il se plie sous le joug et attend que Dieu vienne l'en débarrasser ! Il ignore donc que Dieu aide seulement celui qui s'aide lui-même, celui qui est conscient de sa dignité d'homme, celui dans l'âme duquel les vertus restent encore vivaces. Secouer le joug de l'oppresseur, en vérité, ce n'est pas là la moindre des vertus !

Quel rôle joue donc l'armée dans un tel pays en voie de décadence ?

Pourquoi, se demande chaque citoyen, pourquoi payons-nous une foule de généraux et d'officiers de tous grades ? Pourquoi entretenons-nous tant de troupes et de chevaux sur pied ? La réponse est toujours la même : C'est le souverain qui le veut ainsi. Des milliers de jeunes gens sont arrachés à leur carrière, au moment où ils sont arrivés à l'âge le plus propice pour le travail. Ils sont répartis sur tout le pays dans des garnisons, où ils sont forcés de rester plusieurs années. Quand, à la fin, on les congédie, et qu'il y en a d'autres qui viennent prendre leurs places, on ne le fait qu'à la condition qu'à tout moment ils donnent suite à un ordre qui les convoque pour un service supplémentaire. Ce système a eu pour triste résultat de détourner les jeunes gens de leurs carrières, de faire péricliter les affaires, et d'élever et d'habituer la population à la paresse. En effet, la plupart des jeunes gens qui ont fini leur service militaire, sont perdus pour toute occupation utile dans une carrière libérale, parce qu'ils peuvent s'attendre à tout moment à un nouvel ordre de présentation ; en second lieu, parce que, p endant leur service militaire, ils ont dépensé le capital qui leur aurait probablement permis de se créer une existence, et troisièmement, parce qu'ils se sont déshabitués des travaux exigés dans les carrières du commerce, de l'industrie et de l'agriculture. A l'époque où le jeune homme revêt pour la première fois l'uniforme, il est florissant de santé et de vigueur. Il possède au moins une seule vertu : la pudeur. Arraché dans un âge relativement encore tendre aux soins et à la sollicitude de la maison paternelle, il est transplanté dans un milieu où tous les vices se donnent libre carrière, où il fraye en camarade avec l'écume des villes et du pays ; avec cela, soumis à des exercices et à des efforts qui dépassent ses forces physiques, il n'est pas étonnant qu'après son congé il rentre à la maison, brisé physiquement et moralement. Beaucoup de ces jeunes gens dont le corps est pourri par des maladies honteuses et inguérissables, dont l'esprit est hanté par des jouissances insaisissables, ne rentrent plus au foyer, et meurent, seuls et abandonnés, à l'étranger. Mais même un grand nombre de ceux qui rentrent dans leurs foyers, sont atteints de vices et de maladies contagieuses, et au lieu de devenir des membres utiles de la famille sociale, ils font des malheurs incalculables, en communiquant leurs maladies à des personnes saines, et en répandant la corruption parmi la jeunesse encore pure et innocente.

Ce fléau du pays — autrement dit « l'armée » — doit sa création à l'idée éminemment juste, qu'un pays a besoin d'être protégé ; plus exactement, que les habitants du pays doivent en commun être les gardiens de leur sol, de leurs biens, et de leur vie. Mais de nos jours cette institution est tellement dégénérée, que c'est précisément à cause de l'armée que le sol et le territoire du pays, la fortune et la vie des citoyens sont voués à la destruction, car, si on arrache le jeune citoyen de son foyer, si pendant son absence ses affaires périclitent et sa fortune tombe en ruines, si sa vie est empoisonnée par la ca-

**

serne, eh bien alors il ne reste plus aucune trace aujourd'hui de cette institution jadis saine et vigoureuse, créée pour la défense et la protection mutuelles des citoyens.

. En dehors de ces conséquences directes, le système actuel des armées présente aussi des inconvénients indirects très graves. Les gouvernements les plus incapables, les plus méprisés possèdent dans l'armée un instrument pour se maintenir au pouvoir. A cause d'elle l'influence du peuple, de l'opinion publique sur la composition du ministère devient nulle. Jamais il n'arrivera que dans un de ces pays un gouvernement soit balayé par la colère populaire. La volonté du chef de l'État, d'accord avec celle de l'armée, décide seule sur l'avènement et la démission des ministres. L'armée, telle qu'elle existe aujourd'hui, est donc une menace pour les habitants du propre pays, non pas pour ses ennemis: elle est un instrument de tyrannie dans la main du chef de l'État et de ses conseillers. Des centaines et des milliers de citoyens sont massacrés sans pitié. Ceux qui se sont distingués par leur brutalité et leurs infamies reçoivent des ordres et des récompenses, et dans les rues et aux parades ils sont acclamés. Et ce frère, fourré dans un uniforme, qui est une menace permanente pour lui, le citoyen est forcé de le nourrir du gain de sa sueur! Toutes ces brutalités sont commises par les gouvernants, sous le prétexte de maintenir l'ordre social. Un bon gouvernement, un souverain, véritable père du pays dans la plus noble acception du mot, n'administreront jamais le pays au point que le peuple puisse concevoir l'idée de provoquer des émeutes et de remplacer l'ordre de choses existant par un régime nouveau. Si une émeute éclate dans une localité ou même dans tout le pays, c'est toujours et uniquement le gouvernement qui en est la cause, parce qu'il a laissé commettre tranquillement des choses, dont la révolte en est la conséquence logique. Si ce gouvernement, sous prétexte de maintenir l'ordre, va jusqu'à l'effusion du sang, il ajoutera au premier crime qu'il a commis et qui a consisté à ne pas avoir pris à temps les mesures nécessaires pour prévenir le désordre, un deuxième crime, celui de faire tuer des hommes qui revendiquaient et ne pouvaient pas obtenir leur droit par voie légale. Dans tout État régulier, des garanties doivent exister qu'un gouvernement, qui néglige à ce point ses devoirs, soit écarté à temps. S'il reste au pouvoir, il provoque, ainsi que nous l'avons vu, le plus terrible désordre et il commet les plus effroyables cruautés; il détruit même pour de longues années chez le peuple toute croyance en une justice; car, même si le peuple est disposé à lutter pour son bon droit, il doit se dire, en présence de l'ordre de choses actuel, que c'est se livrer pieds et poings liés entre les mains de son bourreau. Si on se sert de cette manière de l'armée pour opprimer et enchaîner le peuple, on fait de celui-ci un troupeau d'individus sans volonté ni caractère.

L'auteur de la présente brochure connaît un pays — et c'est celui-là, ainsi qu'il l'a déjà dit, qu'il visait principalement dans les démonstrations qui précèdent — où l'instruction a pris, en peu de temps, une extension extraordinaire, où elle rayonne aujourd'hui jusque dans les coins les plus reculés. Tous les hommes éminents de ce pays ont cru depuis nombre d'années, — et ils le croient encore aujourd'hui — que l'instruction seule pourra faire du pays un paradis. Cette conviction était tellement enracinée chez eux, qu'une fois arrivés au pouvoir, ils dépensaient des sommes considérables pour l'enseignement, abstraction faite, bien entendu, de l'armée. Ils empruntèrent aux nations étrangères les systèmes d'enseignement et les méthodes pédagogiques les plus variés. Leur but était de faire autant que ces nations. Ils imitèrent tout, et dès qu'une innovation était faite, elle fut immédiatement introduite chez eux. C'était donc une véritable course avec le but de rattraper les nations étrangères en fait d'enseignement, ou, mieux encore, de les dépasser. Rien n'était trop cher, du moment que cela pouvait servir à l'instruction. Volontiers ils donnaient tout ce qu'ils avaient, — et même ce qu'ils n'avaient pas — pour introduire chez eux les organisations de l'étranger. Quoi d'étonnant, qu'en peu de temps ils avaient tous ces établissements d'enseignement qui coûtent annuellement des millions, sans même rapporter jamais la millième partie du capital. L'État rémunère des centaines de professeurs; il construit des bâtiments d'école qui coûtent des millions; l'instruction est obligatoire, les enfants du domestique sont assis à côté de ceux du ministre. Les instituteurs, en grande majorité des jeunes gens, enseignent une foule de choses théoriques, par exemple les sciences naturelles, d'après des exposés dans le livre, des mathématiques compliquées, des contes et des fables, avec cela des traductions de langues étrangères qui souvent ne sont qu'imparfaitement connues des instituteurs eux-mêmes. Et quel en est le résultat? Tout ce fatras péniblement appris pendant douze ans, s'est déjà évaporé après un an au plus, et il n'y a que le simple savoir lire et écrire qui reste.

Dans le pays dont il est question, il y a eu, dans le temps, — et il y en a encore aujourd'hui — des gouvernants dont l'instruction n'allait pas beaucoup au delà du savoir lire et écrire, dont les noms cependant ont passé à la postérité. D'autres, au contraire, qui possédaient une instruction universelle, ont été vite oubliés. Cela prouve que même l'instruction la plus complète ne peut jamais remplacer les vertus. Cette méthode d'enseignement, à laquelle toutes les couches de la société doivent se soumettre, a donné le triste résultat qu'un grand nombre de jeunes gens gaspillent leur temps de jeunesse, en apprenant des choses inutiles qui, — à supposer qu'ils ne les oublient pas si vite; — ne leur serviront à rien, puisqu'elles ne peuvent pas leur procurer des moyens d'existence. Et alors, ces gens, sans savoir quelque chose de pratique, vivent en vrais parasites parmi leurs concitoyens, exploitant tantôt la bonté des uns, tantôt la bêtise des autres, et forment un véritable prolétariat des classes instruites.

Lorsque dans ce pays les filles s'aperçurent que l'enseignement, que les garçons reçurent dans les écoles, était pareil à un simple jeu, elles, qui de par leur nature avaient déjà des penchants au jeu, commencèrent à fréquenter les écoles, et aujourd'hui il y a presque autant d'écoles pour filles que pour garçons. Quand elles quittent l'école, elles sont étourdies de tout le fatras qu'elles ont appris; elles n'ont aucune idée du ménage, mais elles sont très fières de leur « instruction ». Qu'est-ce qu'elles deviennent alors? Les jeunes gens, qui ont quitté tard les écoles, ne peuvent songer à se marier. Alors les filles ne trouvent pas de maris; elles restent vieilles filles, savent baragouiner un peu en français, il est vrai, parler d'astronomie et de philosophie, mais ne savent pas faire une soupe, ni raccommoder un bas. C'est ainsi qu'un système d'enseignement absurde mène un peuple au bord de l'abîme!

Les produits des écoles supérieures dans ce pays sont, outre les professeurs, les juges et beaucoup d'autres fonctionnaires, les médecins, les avocats, ingénieurs, architectes, etc. Les jeunes gens de toutes les classes de la société choisissent une de ces carrières, et bientôt celles-ci sont tellement encombrées, qu'un petit nombre d'eux arrivent seulement à gagner leur vie; pour les autres, il faut constamment créer de nouveaux emplois pour qu'ils ne meurent pas de faim. Ces fonctionnaires de l'État, encore tout jeunes, ne possèdent pas la vraie gravité de caractère et ils commettent les plus grosses fautes dans l'exercice de leurs fonctions. Rien d'étonnant, par exemple, si une légère maladie, sous le traitement des médecins s'aggrave, si le malade même en meurt, uniquement parce que le médecin s'est trompé de diagnostic ou qu'il a gâché l'opération! Il arrive aussi que le médecin, qui a un riche client à traiter, représente à celui-ci sa maladie comme plus dangereuse qu'elle ne l'est en réalité, qu'il provoque de nombreuses consultations, lui prescrit un tas de médicaments et qu'après un certain temps il lui donne seulement l'assurance qu'il est guéri — et tout cela uniquement pour se faire payer la guérison imaginaire d'une maladie qui a disparu d'elle-même. Bien plus, quelquefois les médecins engagent leurs clients à faire une cure à telle ou telle ville de bains, dans le pays, ou à l'étranger, et les personnes crédules ou timides jettent des milliers de francs par la fenêtre, persuadées qu'elles doivent suivre strictement toutes les prescriptions du médecin. Combien de personnes riches et fortunées ont-elles été ruinées par l'usage absolument inutile des cures! Aucun médecin, dans ce pays, n'aurait jamais l'idée de se demander : Peux-tu, en toute conscience, dire à ton malade, contrairement à la vérité, que sa maladie doit être traitée de telle façon et pas autrement, s'il veut échapper à la mort ? Et avec cela tout le monde devrait cependant savoir que la plupart des maladies se guérissent d'elles-mêmes, sans aucun secours médical !

Les avocats de ce pays sont souvent encore avocats aujourd'hui et demain déjà des fonctionnaires de l'État. Ils sont aussi jeunes que les médecins, et font aussi peu de cas des intérêts de leurs clients, que les médecins le font pour leurs malades. Donneraient-ils sans cela, sous promesse d'une issue favorable, à leurs clients le conseil d'engager des procès perdus d'avance? Le cas serait-il possible que, volontairement ou par négligence, ils engageassent mal un procès et que bien plus tard, et quand il y aura déjà des frais considérables de faits, ils vinssent avouer à leur client que le procès devra être mené autrement pour le faire aboutir favorablement? Si enfin ils perdent un procès qu'ils s'étaient engagés à faire gagner, ils objectent avoir fait tout leur possible et attribuent leur insuccès à l'injustice des juges.

Les ingénieurs et les architectes de ce pays ne sont pas plus consciencieux que les médecins et les avocats. On ne fait pas beaucoup de cas, si, pour l'arpentage d'un terrain de 1.000 hectares, il y en a 100 qui manquent, ou si, pour la construction d'une maison, le devis est dépassé d'un quart et même de la moitié. Tous ces hommes d'une instruction si superficielle, dépourvus de tout sentiment de vertus, légers et frivoles dans l'exercice de leurs fonctions, ont causé, à nombre de leurs concitoyens et même à des autorités, des pertes incalculables qui ont souvent entraîné la ruine de ces personnes ou tout au moins un affaiblissement persistant de leurs situations. Il est donc facile à comprendre que pour eux les clients deviennent de plus en plus rares, et que finalement ils soient forcés de briguer des emplois de l'État.

L'agriculture et l'élevage du bétail, par suite de méthodes irrationnelles et superficielles qui sont en usage dans ce pays, se trouvent également dans le marasme. Si même les agriculteurs possédaient les connaissances professionnelles et scientifiques nécessaires, cela ne servirait à rien, puisque ce sont les capitaux qui leur font défaut. Celui qui veut avoir des champs fertiles même dans des années de sécheresse, et qui veut pratiquer un élevage rémunérateur du bétail, doit avoir des ouvriers travailleurs, obéissants, au salaire modéré à sa disposition, et ces ouvriers font précisément défaut dans le pays dont il est question. L'agriculture partage donc le sort des autres professions, et il en sera de même, aussi longtemps que cette manière de gouverner restera en vigueur. La plupart des propriétaires fonciers n'ont pas pu, non seulement tirer leurs moyens d'existence de leurs propriétés, mais ils ont fini par manger et absorber d'abord leur capital d'exploitation, ensuite la propriété elle-même ; les autres, découragés par les continuelles déceptions, ont affermé leurs propriétés. En général, les fermiers disposaient de gros capitaux à leur début, mais comme ils suivaient la même vieille méthode économique superficielle, tant pour la culture du sol que pour l'élevage du bétail, ils obtinrent les mêmes résultats désastreux. Au surplus, ils avaient encore à lutter contre la concurrence des pays étrangers, et les fermiers finirent par se ruiner comme les propriétaires. Des milliers de personnes après des années de peine et de travail, ont perdu toute leur fortune ; aujourd'hui ils sont pauvres, et peut-être même endettés par-dessus le marché. Et le Gouvernement ? Il regarde toute cette misère d'un œil passible et indifférent et se déclare impuissant à remédier à cet état de choses. Bien plus, quelque incroyable que cela paraisse, malgré l'arrêt et la baisse des affaires, il crée toujours de nouveaux impôts. Le sort des propriétaires fonciers et des fermiers devrait cependant faire réfléchir ces gens, mais c'est inutile ! Au lieu d'établir une perte, ils constatent un revenu, un rapport, et pour faire rentrer les impôts, ils vont jusqu'à saisir le vêtement que le pauvre malheureux porte sur le dos ! On peut le dire hardiment, dans ce pays, il se passe tant de choses irrégulières que dans les autres pays de choses régulières ! Dans les autres pays, où il y a un état des choses régulier, une administration régulière, les conditions sont telles que les agriculteurs puissent travailler avec profit, mettre tous les ans une petite somme de côté et finalement arriver à gagner une fortune. Là, c'est un cas anormal, si un agriculteur se ruine, sans qu'il y ait de sa faute. Il en est tout autrement dans ce pays : ici, c'est tout à fait anormal, si un agriculteur trouve son compte et arrive à augmenter son pécule.

Si nous jetons maintenant dans ce pays, qui offre tant de matière à une sociologie vraiment exacte, un regard sur l'industrie et le commerce, nous constatons que ces carrières se trouvent dans un état encore plus pitoyable que l'agriculture. A part quelques articles, toutes les marchandises doivent être importées de l étranger et le pays ressemble à une grande foire où les produits de tous les pays sont mis en vente. Pas un gouvernement n'a su comprendre qu'un propre commerce, une propre industrie soient aussi indispensables à un peuple que le pain quotidien qu'il mange. Ce sont ces carrières vraiment bourgeoises qui facilitent la culture des vraies vertus civiques, notamment de l'indépendance. Si un peuple monte d'un échelon inférieur à un degré plus élevé de la civilisation, il le fait grâce à son commerce et à son industrie, non pas par des armées de fonctionnaires, des troupes et des créations absurdes d'écoles. Même les autres professions, l'agriculture en première ligne, en souffrent, si l'industrie et le commerce ne marchent pas. Il n'y a qu'un enfant ou un fou, — pour choisir un exemple bien simple — qui puisse croire qu'il serait indifférent qu'un chapeau soit fabriqué dans le pays ou qu'il soit importé de l'étranger. Le fabricant indigène prend sa matière première dans le pays même, et ainsi il ne donne pas seulement du travail à ceux qui fabriquent le chapeau, mais il fait aussi bénéficier indirectement ceux qui fabriquent la matière première. Partout les gouvernements sages sont pénétrés de cette vérité; il n'y a que les potentats de ce pays qui croient toujours que la meilleure affaire à faire, c'est de mettre des droits d'entrée très élevés sur les marchandises provenant des pays étrangers.

Du reste, le commerce et l'industrie ne sont pas possibles,

sans une administration régulière, consciencieuse. Si celle-ci fait défaut, tout le subtil mécanisme de la vie économique se détraque, et un dérangement des conditions productives d'un pays est difficilement, sinon impossible à réparer. Malheureusement, tous les gouvernements de ce pays ont été des gouvernements de désordre et de malhonnêteté, et il leur importe peu que le commerce et l'industrie subisse par leur faute des pertes qui se chiffrent par millions. Que des milliers de citoyens s'appauvrissent par leur mauvaise administration des affaires, cela ne troublera pas leur tranquillité ! En effet, ils forment de bons gouvernements, mais de bons gouvernements pour les ennemis du pays.

La situation financière de ce pays va de mal en pis. Les recettes diminuent rapidement d'année en année, tandis que les dépenses augmentent dans la même proportion. Parmi les sources de revenus figure, en première ligne, le revenu des monopoles. Comme ces monopoles s'appliquent en grande partie à des objets plus ou moins indispensables, des milliers de citoyens, les uns par économie, les autres pour des motifs hygiéniques, ont pris l'habitude de se passer de l'usage des objets monopolisés. Il s'en suit une diminution des recettes de l'État. Les droits d'entrée sur les articles de luxe devaient être une autre principale source de revenus pour l'État. Il est évident que, par suite de la mauvaise situation matérielle du peuple, ces recettes diminuent aussi constamment. Une administration prévoyante aurait fait des économies pendant les bonnes années antérieures pour les années suivantes moins bonnes. Mais personne ne s'est donné la peine d'y penser. Aujourd'hui on recherche des remèdes pour réparer les omissions commises, et on ne trouve rien de plus intelligent que de grever encore davantage tous les objets indispensables à l'existence. L'impôt foncier a atteint un taux formidable et les tracasseries inutiles sont sans fin.

La manière comment les impôts sont rentrés ne laisse rien à désirer en fait de brutalité ; car le gouvernement, qui ne veut rien savoir des abus qui se commettent, confie la rentrée des impôts à des espèces d'entrepreneurs, des gens auxquels aucun moyen n'est trop mauvais. Tous les jours il arrive, qu'en paiement d'impôts arriérés un bœuf soit vendu pour 15 francs, et que des fermes entières aient été vendues pour des prix dérisoires. Si le débiteur n'a ni bétail, ni propriété foncière, on n'hésite pas à lui saisir sa maison, ses meubles et ses vêtements. Les familles ainsi ruinées quittent le pays ou émigrent à l'étranger, si le désespoir d'avoir perdu leur petite fortune ne les plonge pas dans la folie ! De tels méfaits crient vengeance ; mais qui s'en occupe ? Les hommes au pouvoir ne s'arrêtent pas à de telles misères !

Le service de transport utilise en partie les voies terrestres et fluviales naturelles, en partie les chemins de fer. Depuis longtemps la construction de la chaussée est négligée au profit des chemins de fer. Des sommes folles ont été dépensées pour les chemins de fer, et leur revenu est égal à zéro. Tout citoyen paie son impôt pour voies et chaussées, mais il le paie absolument inutilement. Il manque tout entendement pour qu'un impôt soit appliqué conformément à sa destination. C'est un pays sans gouvernement responsable. Ce serait le devoir des députés, il est vrai, de contrôler et de mettre les ministres coupables en accusation, mais les députés sont, ainsi que nous l'avons vu plus haut, incapables de faire quoi que ce soit d'utile.

Le sol du pays est riche en minerais, mais malheureusement pour leur exploitation, ce sont d'une part les hommes compétents, d'autre part les capitaux qui font défaut. Au surplus, la manière peu intelligente suivant laquelle les fonctions gouvernementales sont exercées dans le pays, ainsi que les nombreuses infractions à la loi, n'encouragent personne à risquer son argent dans des entreprises qui, même dans les conditions les plus favorables, ne pourront prospérer qu'après un certain nombre d'années. Nous ne voulons même pas parler de l'armée de fonctionnaires, dont chacun cherche à créer des obstacles au commerçant, à l'industriel et à l'entrepreneur.

Il y a des forêts immenses, datant depuis des siècles et où les arbres s'écroulent, à force de vétusté. Pour les exploiter, les entrepreneurs manquent, et cela à cause de l'état anarchique qui règne dans le commerce et l'industrie. Il s'ensuit que c'est l'étranger qui fournit le bois pour la fabrication des meubles, tandis que dans les forêts du pays le bois pourrit et tombe en poussière.

Les établissements de crédit ne manquent pas non plus dans le pays. À première vue, ce pays semble posséder toutes les institutions, quelles qu'elles soient, que l'humanité a créées pour l'embellissement et les facilités de l'existence humaine. Mais si dans les autres pays ces établissements de crédit sont administrés intelligemment et qu'ils puissent quelquefois jeter un regard sur un passé de cent ans et plus, dans ce pays ils sont naturellement mal administrés, et après avoir absorbé en quelques années tout le capital, ils tombent en déconfiture. Et le peuple est, en outre, si dépourvu de vertus que beaucoup de citoyens y trouvent une joie folle, à faire du tort à leur prochain. Bien des fois des gens indignes, malhonnêtes, sont parvenus à se mettre à la tête d'un tel établissement de crédit et par un infâme abus de confiance, ils ont ruiné l'établissement et fait perdre l'argent aux actionnaires! Combien de Sociétés ont été ruinées ainsi dans le pays, et il est tout naturel que le citoyen n'y a plus aucune confiance.

L'origine de ce peuple, comme celui de la plupart des autres nations, remonte jusque dans les temps les plus reculés. On ne sait rien de précis sur l'origine de sa race, on n'a que des suppositions. Une seule chose est acquise, c'est que dans le cours des siècles il a été soumis aux croisements les plus variés, et que jusqu'à nos jours, il s'est constamment amalgamé avec des éléments étrangers. Un type uniforme de race ne pouvait donc pas se développer. Aujourd'hui encore le croisement entre les diverses classes sociales, entre les couches supérieures et les couches moyennes, entre les couches moyennes et les couches populaires est très fréquent. Non seulement dans son ensemble, mais même dans ses diverses couches, ce peuple n'est pas de race pure. Si nous considérons le mélange du sang comme la fusion forcée de deux éléments contraires dans un même organisme, nous pouvons facilement conclure du défaut de matûrité qui en est la conséquence, de la pusillanimité de l'individu, aux qualités intellectuelles de tout le peuple. De même qu'une couche de glace se forme difficilement à la surface d'une eau courante, de même les vertus prennent difficilement racine chez un peuple qui n'est pas de race pure, et, en ce qui concerne *ce* peuple que nous visons, nous avons vu, par ce qui précède, qu'il n'a pas encore fourni le certificat de capacité pour un niveau élevé de la civilisation. Il est plus facile d'inoculer à un peuple barbare, mais pur de race, le germe de certaines vertus et qualités, qu'à un autre peuple qui, sans être barbare, est abâtardi par le croisement de sang, et qui, au surplus, se trouve dans une agitation permanente. Certes, il existe dans toutes les classes quelques familles peu nombreuses, dont le cœur et le caractère sont purs et qui possèdent des vertus et qualités que leurs ancêtres leur ont léguées. Ces familles sont susceptibles aussi d'arriver à un degré plus élevé de civilisation et d'éducation. Mais la grande masse du peuple, dont le jugement est troublé, et qui a perdu les qualités distinctives de sa race, les méprise, et voilà pourquoi on comprend que des hommes de mérite sont seulement appréciés et estimés par leurs concitoyens, lorsque l'étranger les a distingués et élevés sur le pavois. Dans ce pays, le vice, l'opposé de la vertu, est prôné. L'insolence y passe pour de l'intelligence, la modestie pour de la bêtise. Le manque de parole est considéré comme une chose spirituelle, et celui qui tient sa parole, passe pour un imbécile. Le prodigue est acclamé, l'homme économe est blâmé; le mari fidèle est méprisé et celui qui trompe sa femme est admiré. Ce peuple est si étrange, si typique dans ses penchants malsains, dans ses caprices, que l'historiographe ne pourra jamais rencontrer un meilleur sujet pour ses études.

La langue de ce peuple n'est pas moins impure que son sang ; elle contient des éléments des langues de toutes les nations avec lesquelles ce peuple est venu en contact. De tout temps, ces gens ont cru ne pas pouvoir donner une meilleure éducation à leurs enfants que de leur faire apprendre la langue du peuple dont momentanément ils subissaient l'influence prépondérante. Et c'est ainsi que les mots étrangers les plus variés se sont infiltrés dans leur langue.

L'éducation des enfants chez les classes élevées se trouve entre les mains des domestiques, car le temps des parents est complètement absorbé par les plaisirs et les amusements. La fréquentation d'une école supérieure ne donnera pas aux enfants de ces familles une meilleure éducation que celle des pauvres, car l'école ne peut jamais remplacer l'éducation qui a fait défaut à l'enfant dans la famille.

Y a-t-il lieu de s'étonner, qu'avec une telle éducation les enfants surpassent encore les parents en mauvaises qualités, que chaque génération nouvelle est plus corrompue que la précédente ? Ces individus, corrompus jusqu'à la moelle des os, deviennent, pour quelques misérables miettes qui leur tombent de la table du gouvernement, les esclaves dociles des hommes au pouvoir. Oui, à la face du pays entier, ils frappent la vérité au visage et proclament à haute voix les louanges de leurs maîtres ! A aucun gouvernement, une telle suite d'individus sans principes, sans caractère, n'a encore fait défaut.

Telles les bandes de brigands se forment pour piller et voler, tels les partis politiques se forment ici pour exploiter le pays. Aucun autre motif ne les guide, quand ils s'associent ensemble. Il arrive que le parti d'opposition est subitement abandonné d'un grand nombre de ses partisans, qui passent dans le camp du parti gouvernemental. Il arrive aussi que plusieurs membres de la même famille appartiennent à deux, trois et même à plus de partis différents, de sorte que cette famille peut faire valoir constamment son influence.

Quand un nouveau gouvernement et avec lui ses partisans arrivent au pouvoir, alors ces gens sont affamés comme des loups. Rien ne leur est sacré ; ils n'ont qu'un *seul* désir, celui d'accaparer le plus possible, de quelque manière que ce soit. Jamais des associations ne se forment dans le peuple pour des buts de bien-être et d'utilité publique, pour la libération d'une oppression politique ; pour cela, c'est l'amour-propre qui manque. Si quelqu'un est lésé dans ses droits et qu'il se plaigne à ses concitoyens, ceux-ci haussent tout au plus les épaules. Personne ne songe à s'organiser avec d'autres. Ils ne connaissent pas le proverbe : « Un pour tous et tous pour un », car jamais ils n'ont connu ni compris la noble vertu de l'amour du prochain.

Ce qui est le but de la vie pour ce peuple, ce sont, en première ligne, les plaisirs sensuels. Ils se livrent aux débauches, ne restent plus maîtres d'eux-mêmes et beaucoup d'entre eux meurent prématurément, ce qui diminue le chiffre de la population de façon sensible.

Nous estimons que le plus grand bienfait qu'on puisse rendre à un peuple qui ne marche plus avec le progrès, ou qui. est en voie de décadence, serait de fonder une Société ayant pour but de chercher, par des études approfondies, des moyens de remède. Mais pour créer de telles entreprises, de grandes ressources sont indispensables, et pour cette raison il est fort douteux qu'une pareille Société se forme dans ce pays, parce qu'il n'y a pas beaucoup de riches parmi ses habitants. C'est la conséquence, d'une part, de la mauvaise administration du gouvernement, d'autre part, de la haine du peuple appauvri et ruiné, qui ne recule devant aucun moyen pour réduire les citoyens mieux situés à leur niveau.

Les journaux de ce pays ne sont pas des organes incorruptibles de la conscience populaire, critiquant et examinant les actes du Gouvernement, mais entièrement au service des partis, ils approuvent les actes de leur propre parti, et désapprouvent ceux des partis opposés. Au lieu d'être une barrière contre la force et l'injustice, ils ont troublé les idées du bien et du mal, et aujourd'hui, ni les gouvernants. ni les gouvernés ne prennent au sérieux ce que disent les journaux.

Quoique les paysans soient propriétaires du sol qu'ils cultivent, ils vivent dans une misère indescriptible. Leurs maisons ressemblent à des chaumières en roseaux ; leur nourriture se compose uniquement de légumes ; leurs vêtements sont en haillons et leur manière de vivre est brutale. Malgré qu'on dépense des sommes folles pour l'instruction, ils ne savent ni lire, ni écrire. Dans les villes et dans les campagnes les mendiants pullulent, qui n'ont aucune honte de demander la charité et qui ne se font aucun scrupule de voler.

Tout sentiment de dignité humaine, et en général tout

sentiment pur et élevé se sont perdus chez ce peuple. C'est la conséquence forcée de cette quantité innombrable de fonctionnaires et de militaires. Aussi le peuple n'a-t-il aucune ambition de lutter avec les productions des autres nations, et il imite tout simplement les institutions étrangères.

Nulle part on ne trouvera un peuple qui soit, à cause de l'éducation si fondamentalement disparate de ses enfants, si différent sous le rapport des qualités morales et intellectuelles.

En général, les grandes idées pour lesquelles on meurt, font défaut à ce peuple. Pas même le Chef de l'État en semble capable, car, approuver toutes les mesures d'un Gouvernement, pour les faire rapporter sous un autre, cela ne s'appelle pas suivre un idéal noble et grand.

Les conséquences funestes d'une mauvaise éducation se manifestent partout. Combien d'enfants sont élevés avec la satisfaction de besoins, que plus tard leurs maigres revenus ne leur permettent pas de satisfaire! Alors ils se mettent à faire des dettes sur dettes. Le peuple et même les juges sympathisent avec le prodigue et dans des procès de cette nature, les juges prennent presque toujours parti pour le débiteur contre le créancier. Parfois ils suscitent tant de difficultés à ce dernier que par suite des renvois continuels et de la durée infinie du procès, il tombe, lui aussi, dans la misère, et au lieu d'un seul pauvre, ils en créent deux.

Jamais ce peuple n'a fait un retour sur lui-même et fait son examen de conscience, et encore aujourd'hui, au bord de l'abîme, il poursuit insouciamment sa route et, dans sa vanité et sa présomption, il rêve de grandeurs futures.

PARIS. — IMPRIMERIE CHAIX. — 19688-9-00. — (Encre Lorilleux).

Si la première personne qui devinera le peuple est un profane, l'historien, qu'il soit le second ou le dernier en rang, recevra 100 francs.

La somme de 150 francs sera seulement payée si c'est un historien qui est l'auteur de la découverte.

Cette somme sera versée à l'expiration d'un an, à partir de la publication de la brochure, et cela par M. Retemed DASGOR, V, Zenta Gasse, n° 8, ou, en son absence, par Mme Anna WAAS, même adresse, auxquels on est prié de s'adresser sous indication des nom et prénoms, profession, domicile et date.

20 Septembre 1900.

PRIMES : 150 FRANCS